AF313807

HOMMAGE

A UNE

CHÈRE MÉMOIRE

VICTOR HOMMAY

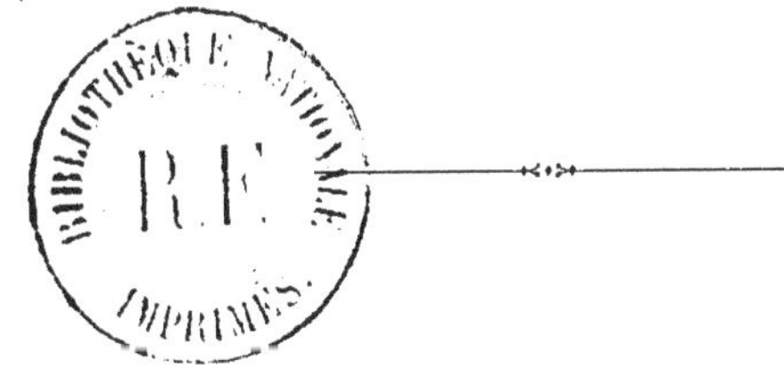

SOUVENIR

POUR CEUX QUI L'ONT AIMÉ

COMPTE RENDU

DES OBSÈQUES

COMPTE RENDU DES OBSÈQUES

Le Petit Patriote de l'Ouest, journal d'Angers, rendit compte, en ces termes, des obsèques de Victor Hommay, dans le numéro du 14 juillet 1886.

« Hier matin ont eu lieu, à dix heures, les obsèques de M. Hommay, le regretté professeur de philosophie du lycée.

» Une nombreuse affluence d'amis et de connaissances étaient venus rendre un dernier devoir au sympathique professeur, enlevé si prématurément, à l'âge de vingt-huit ans, à l'affection de sa famille et de tous ceux qui le connaissaient.

» On remarquait dans l'assistance M. le Préfet et son secrétaire général, M. l'Inspecteur d'Académie, le proviseur du lycée et tous les professeurs en robe, MM. les Conseillers de préfecture, MM. les Conseillers municipaux, M. Jacquemet, directeur de l'Ecole des arts et métiers.

» Les cordons du poêle étaient tenus par M. le docteur Guignard; M. Guillement, professeur; M. le conseiller à la cour Lefèvre, et un élève du lycée.

» Tout le lycée assistait aux obsèques.

» Trois magnifiques couronnes étaient portées à bras. La première offerte par MM. les Professeurs, la seconde par les élèves de philosophie, la troisième par tous les élèves du lycée.

» Au cimetière, deux discours ont été prononcés par M. l'Inspecteur d'Académie et par M. Robineau, professeur de littérature.

» C'est d'une voix émue que M. l'Inspecteur d'Académie a prononcé le discours suivant :

« MESSIEURS,

» C'est le cœur plein de tristesse que je viens, au nom de » l'Université, dire un dernier adieu à notre collègue Hommay.

» Qui de nous eût pensé, il y a dix jours, qu'une pareille céré- » monie nous réunirait aujourd'hui? Hommay était plein de » santé, de vie, d'espérances, et soudain, un accident imprévu l'a » précipité au tombeau! Il entrait à peine dans sa vingt-huitième » année.

» Né le 27 avril 1859, il fit ses études au lycée de Saint-Brieuc; » lauréat en rhétorique du concours académique de Rennes et du » concours général, il continua au collège Rollin et à l'institution » Sainte-Barbe des études si bien commencées. Il obtint à Paris, » comme à Saint-Brieuc, des succès constants. Entré à l'École » normale, dans les premiers rangs, en 1879, il en sortit en 1882, » agrégé de philosophie. Successivement professeur à Mâcon, à Cou- » tances et à Angers, il se préparait à subir prochainement les » épreuves du doctorat ès lettres; ses thèses étaient presque » achevées.

» C'est au milieu de ces travaux que la mort est venue le sur- » prendre. Appuyé sur le bord de sa fenêtre, il préparait une » leçon au moment de l'accident qui nous l'a ravi.

» Ses élèves vous diront avec quel soin il s'occupait de tout » ce qui concernait sa classe. Frappé mortellement, pouvant à

» peine parler, il s'inquiétait encore de leur avenir, il profitait
» même de la visite de l'un d'eux pour lui donner d'utiles
» conseils.

» C'est que ce brillant professeur, à la parole ardente et
» convaincue, était avant tout un homme du devoir; il l'accom-
» plissait naturellement, sans forfanterie.

» L'enseignement secondaire, où il n'a rencontré que des
» admirateurs, l'enseignement supérieur, auxquels ses talents le
» destinaient, ont fait une grande perte. Elle est d'autant plus
» sensible à nos cœurs que tous, professeurs et élèves, nous avons
» toujours trouvé dans Hommay un camarade, un ami. Sa nature
» ouverte, sa modestie, son affabilité lui gagnaient toutes les
» sympathies.

» Tant de talent, tant de qualités n'ont pu trouver grâce devant
» la mort; après l'avoir inopinément frappé, elle est venue lente,
» cruelle. Hommay, qui avait conservé sa lucidité d'esprit et voyait
» les angoisses des siens, l'a attendue avec la sérénité d'un sage.

» La vie d'un tel homme, pour être courte, n'en a pas été moins
» bien remplie, elle a été toute d'honneur et de travail. Elle sera
» pour nous tous, Messieurs, un fortifiant exemple; elle nous
» apprendra à rester fidèles aux nobles traditions de l'Université.

» Cher Hommay, nous nous unirons à ta mère, à ta sœur, pour
» garder pieusement ta mémoire, et tous nous te disons un
» suprême adieu. »

» M. Robineau a, d'une voix entrecoupée par les larmes, prononcé le discours suivant :

« Messieurs et chers Collègues,

» Hommay tenait trop à la simplicité pour que je songe à faire
» ici un discours. M. l'Inspecteur d'Académie vient de rappeler
» très justement quelles étaient les qualités éminentes de l'intel-
» ligence et du cœur chez notre ami. Je voudrais seulement dire
» combien elles étaient appréciées par nous tous, sans exception.

» Qui de nous n'a eu plaisir à s'entretenir avec Hommay?

» Jamais sa conversation n'était banale. Par la justesse des
» réflexions, par l'originalité des aperçus, par la précision des
» détails que lui suggérait à propos une mémoire impertur-
» bable, au service d'un savoir enrichi par une lecture constante,
» il donnait de l'intérêt à la moindre causerie; sa parole rapide,
» enflammée, éloquente excitait l'esprit; il pensait et faisait
» penser.

» Il en imposait par une supériorité intellectuelle dont il
» semblait ne pas s'apercevoir. Car il était très modeste. Aucun
» de vous ne me contredira : personne ne pouvait mieux que lui
» contribuer à détruire la légende si répandue du normalien
» dédaigneux pour ses collègues non sortis de l'École. Et j'ajoute
» ceci : il était très bon. S'il se rendait mal compte de ses propres
» mérites, il s'exagérait volontiers ceux des autres. Son cœur
» aimant le portait à s'enthousiasmer et à louer; la plus légère
» prévenance lui inspirait la reconnaissance la plus vive. Il vous
» l'exprimait avec une sorte de gaucherie naïve qui lui donnait
» encore plus de prix. On sentait toujours qu'à sa gratitude se
» mêlait la crainte de ne pas assez payer de retour l'amitié qu'on
» lui témoignait. Oui, il était bon, exceptionnellement bon. Aussi
» n'avait-il parmi nous que des amis.

» Nous l'avons tous aimé et nous le pleurons tous. Puisse cette
» sympathie des professeurs du lycée d'Angers apporter quelque
» allègement à la douleur des siens !

» Adieu, mon cher, mon excellent ami. Le coup foudroyant qui
» t'enlève nous laisse accablés. Mais nous ne te perdrons pas
» complètement. Ton souvenir vivra avec nous. Nous sommes
» fiers de t'avoir connu. »

» Tous les yeux étaient mouillés de larmes après ces
discours, et puissent les sympathies de tous ceux qui
connaissaient M. Hommay adoucir la cruelle affliction
dans laquelle est plongée sa famille ! »

NOTICE BIOGRAPHIQUE

NOTICE BIOGRAPHIQUE (¹)

———

Après avoir fait de brillantes études au lycée de Saint-Brieuc, Victor Hommay arriva à Paris en 1876 pour se préparer [à l'École polytechnique et il entra dans cette intention au collège Rollin. Il y passa une si triste année qu'il faillit en tomber malade et que ses parents songèrent sérieusement à le rappeler. Habitué à la chaude vie de la famille, il fut saisi par cette impression de vide et d'isolement que connaissent bien tous ceux qui sont venus sur le tard achever leurs études à Paris. Incapable de vivre sans sentir près de lui quelque sûre affection, il ne se voyait entouré que d'indifférents qui peut-être ne surent pas le comprendre. En même temps, il constatait qu'il n'avait pas pour les mathématiques le goût qu'on lui avait supposé. Quoiqu'il y réussît fort bien (il eut cinq premiers prix à la fin de l'année), il lui semblait que sa vocation était ailleurs. Seulement, comme il s'était mis à ce genre d'études sur les conseils d'une sœur qu'il aimait d'une tendre et respectueuse affection, il craignait

(1) Cette notice a été lue à la réunion générale annuelle des anciens élèves de l'École normale supérieure, le 9 janvier 1887.

de lui déplaire en changeant de carrière ; de là de dou-
loureuses hésitations qui achevèrent d'assombrir son
année et qu'il ne confessa que tardivement à sa famille,
dans une lettre d'une touchante timidité. Ceux qui ont
connu Hommay ne s'étonneront pas de ces scrupules ni
de cette excessive délicatesse. Quoiqu'il fût l'indépendance même, dès qu'on lui avait témoigné de l'amitié,
dès qu'il se croyait votre obligé, il se regardait comme
lié et ne se reconnaissait pas le droit de disposer de lui-
même sans votre consentement.

Le goût qui l'entraînait vers les études littéraires était
beaucoup trop prononcé pour qu'on songeât à le contra-
rier, et il fut entendu qu'il se présenterait à la section
des lettres de l'École normale. Aussitôt son horizon
s'éclaire. Pour se préparer à l'examen, il quitte Rollin et
entre à Sainte-Barbe, où il noue très vite de bonnes et
solides amitiés qui depuis lui sont toujours restées fidèles.
Il est vrai que, par la tournure de son esprit, il n'était
guère fait pour réussir dans les exercices artificiels de la
rhétorique ; mais il sentait ce qu'il valait, savait où il
allait, et il travaillait avec confiance. L'École, elle, ne s'y
trompa pas et en 1879, après deux ans de préparation,
Hommay y entrait, troisième de notre promotion.

C'est là que nous nous sommes connus ; au lycée,
nous n'avions guère fait que nous entrevoir de loin en
loin.

Je ne sais plus comment nous sommes arrivés à nous
lier ; il faut croire que cela s'est fait tout seul, petit à
petit, car je ne me rappelle pas qu'une circonstance
particulière ait donné naissance à une amitié qui devint
bientôt pour moi la plus douce intimité. Pendant nos

trois années d'École, nous avons vraiment vécu d'une même vie ; nous travaillions dans la même salle, nous avions les mêmes études, nous passions même ensemble presque tous nos jours de liberté. Au cours de ces longues causeries, que de projets n'avons-nous pas faits l'un pour l'autre, auxquels je ne puis plus songer maintenant sans tristesse et sans amertume !

Ces trois années d'École furent d'ailleurs pour Hommay trois années bénies. Ses maîtres n'hésitèrent pas sur sa valeur et sentirent tout de suite ce qu'il y avait de fier et d'original dans ce noble esprit. Ses travaux furent très remarqués. C'est qu'en effet sa pensée avait comme une affinité naturelle pour tous les hauts objets, et sa très vive imagination donnait parfois à son style un remarquable éclat. Mais pour nous, ses camarades, ce qui peut-être nous a le plus frappés, ce sont les leçons que nous avons entendues de lui et surtout ces ardentes conversations où il se livrait quotidiennement à nous, sans gêne comme sans réserve. Sa parole avait un charme étrange ; un peu âpre et heurtée, elle était pleine de chaleur et de vie ; parfois elle s'échappait en brusques saillies, comme inspirée ; on y sentait toujours une profonde sincérité. Je ne sais pas s'il y avait parmi nous des esprits plus élégants ou plus vigoureux ; sûrement, il n'y en avait pas de plus personnels. Il y avait en lui quelque chose d'indéfinissable qui ne se prêtait pas aux jugements tout faits, qui nous intéressait, nous intriguait même. Nous sentions bien qu'il n'aurait pas tôt fait de dire son dernier mot. En même temps, sa bonté native, une générosité qui semblait ne lui rien coûter attirait naturellement à lui la sympathie générale. Comment, d'ailleurs, ne pas l'aimer ? Il était si reconnaissant de l'amitié qu'on lui témoignait !

Hommay n'a pas connu de plus grand bonheur que celui de se sentir aimé et apprécié de ses maîtres et de ses camarades ; et tous ceux qui gardent fidèlement son souvenir doivent être reconnaissants [à l'École des moments de joie que notre ami lui a dus. J'oserai presque dire — et sa famille, j'en suis sûr, ne m'en voudra pas — qu'il ne se sentait complètement bien qu'au milieu de nous. Quand il s'en allait en vacances, il était assurément bien heureux d'aller embrasser une mère et une sœur qu'il chérissait, je vous ai dit à quel point ; mais là-bas, au fond de sa Bretagne un peu froide, un peu triste, un peu guindée même, il se prenait bientôt à regretter nos bonnes causeries et nos chaudes discussions. Cette vie active et même un peu fiévreuse avait toutes ses préférences ; ce qui le charmait surtout, c'était ce commerce de tous les instants avec des esprits distingués et des maîtres d'élite. « C'est là la vraie vie, » m'écrivait-il. On voit que si Hommay a été heureux à l'École, il n'était pas ingrat. Il ne l'appelait pas autrement que notre chère École. Plus tard, alors qu'il en était sorti, comme un de nos camarades, professeur au même lycée que lui, venait de le quitter pour aller occuper un poste nouveau, il m'écrivait tristement : « C'était le dernier souvenir de notre chère École, le seul lien qui rattachât un peu ma vie présente à ma vie passée. Aussi je le regrette bien ! »

Ces beaux jours ne devaient pas avoir de lendemain. Reçu en 1882 à l'agrégation de philosophie après un brillant examen, Hommay fut envoyé comme professeur

au lycée de Mâcon. Là commence dans sa vie une période
— la dernière, hélas ! — qu'il appelait lui-même une
période d'épreuves et qu'il eut quelque peine à supporter.
Ce n'est pas que l'enseignement lui déplût, tout au
contraire il aimait beaucoup ses élèves et c'est au milieu
d'eux qu'il passait ses meilleurs moments. Mais il avait
un besoin de mouvement que ne pouvait guère satisfaire
cette vie de province, pauvre en événements et en relations ; il avait aussi une fierté de sentiments et une
indépendance de caractère qui lui rendaient très pénibles
toutes les petites difficultés de l'enseignement secondaire.
Avide de changement, il ne pouvait vivre qu'avec un peu
de rêverie ; et dans ces petites villes, où l'on vit un peu
les uns sur les autres, où l'on se voit et s'observe de si
près, la réalité était trop proche de lui pour ne pas le
froisser et le blesser sans cesse. « Quand je pense à ces
bonnes années d'École, m'écrivait-il, surtout à cette
deuxième année, où nous avons tant vécu de la véritable
vie, la seule qui vaille la peine qu'on y tienne, quand je
pense à nos rêves d'alors, à nos préoccupations, à nos
travaux, la vie actuelle m'apparait comme quelque chose
de pâle, de décoloré, de monotone, d'insipide et je me
demande si vraiment les beaux jours ne sont pas passés
pour nous, pour longtemps du moins... Quand mes idées
tournent trop au sombre, je m'enferme dans mes livres
qui sont maintenant mes seuls amis ; nous sommes
encore bien heureux d'avoir cette ressource. » Beaucoup
de nos camarades ne se doutent pas, en effet, combien
ces premières années de la carrière peuvent parfois être
pénibles ; encore vaut-il mieux en souffrir que de s'y
résigner.

Hommay, qui connaissait le danger, prit le seul moyen qui permette d'y échapper : il se mit aussitôt au travail. Quelques mois après son succès à l'agrégation, sa thèse était commencée. Il avait choisi un sujet de morale; mais son esprit vivant allait naturellement chercher dans les choses ce qu'elles avaient de vivant comme lui. Aussi ne se proposait-il pas de refaire après tant d'autres le code abstrait des raisons pratiques, mais il voulait, suivant ses propres expressions, montrer par l'histoire comment les idées morales s'y sont formées « lentement, pièce à pièce, par un sourd travail de végétation, comme des plantes qui ont longtemps germé dans les entrailles du sol avant de s'épanouir dans l'air libre, à la lumière du jour ». Ce travail, dont il avait emporté l'idée de l'École, ne tarda pas à l'absorber tout entier; et quand il le vit naître et prendre forme, les ennuis de la vie quotidienne lui devinrent bien moins sensibles. Il avait désormais de quoi occuper son besoin d'activité; il avait un but et y marchait avec résolution. Comme un jour je m'étais laissé aller, au cours d'une lettre, à parler de nos travaux avec un peu de découragement, il me répondit aussitôt par ces mots qui le peignent tout entier : « Sans doute le résultat des efforts, quand on l'analyse, est bien peu de chose; mais ce peu de chose, grossi par l'imagination, met dans la vie un peu d'idéal et sollicite l'activité : réduite à la monotonie des habitudes journalières, il me semble qu'elle est si peu de chose qu'on n'y tient guère que par routine. »

Chemin faisant, sa vie d'ailleurs était devenue moins triste et moins solitaire. Après un séjour à Mâcon d'abord et à Coutances ensuite, il avait été nommé à Angers.

Là, il contracta des amitiés qui lui valurent, dans sa dernière année surtout, de très agréables moments. Il avait à sa disposition une assez riche bibliothèque où il pouvait travailler ; sa thèse avançait à grands pas et il se sentait apprécié comme il le méritait. Deux conférences qu'il fit, l'une sur Victor Hugo, l'autre sur les origines du pessimisme, eurent un très grand succès. Aussi dans le courant de juin dernier, je reçus de lui deux longues lettres pleines de confiance, quand un misérable et tragique accident vint anéantir toutes ces espérances.

Le mardi 6 juillet, vers huit heures du matin, il s'apprêtait à partir pour le lycée. Il avait déjà pris congé de sa mère et allait sortir, quand, tout à coup, se ravisant, il dit : « Je dois faire une leçon que je n'ai pas assez préparée. Je vais remonter et repasser mes notes. » Il va dans sa chambre, située au second étage, prend son cahier et s'assied sur le bord d'une fenêtre très basse et sans galerie, du haut de laquelle on avait très aisément le vertige. Il fit un de ces mouvements brusques et imprudents, dont il était coutumier d'ailleurs, et perdit l'équilibre. Quelques instants après, on le relevait dans la cour, son cahier de notes à côté de lui. Revenu à lui, il ne s'expliqua pas comment l'accident était arrivé.

Pendant quelques jours on conserva l'espoir de le sauver. Lui-même semblait n'avoir pas conscience de la gravité de sa situation, car il ne fit à personne autour de lui de recommandation spéciale. Mais le 10 juillet au soir, l'oppression et la fièvre augmentèrent et les médecins déclarèrent tout espoir perdu. Dans la journée du 11, il ne trouva que la force nécessaire pour échanger quelques paroles affectueuses avec sa sœur qui veillait à son chevet, puis, peu à peu, sans angoisse, sans crise, il cessa de respirer.

On vit à ses obsèques comme il était aimé. Non seulement une grande foule vint lui rendre les derniers honneurs, mais — ce qui est rare — des paroles vraiment, sincèrement émues furent prononcées sur sa tombe. Aucun de ses camarades de section ne se trouvait là; mais un de ses meilleurs amis d'Angers, M. Robineau, professeur de rhétorique au lycée, exprima dans un touchant langage les universels regrets que laissait notre camarade. Qu'il me soit permis de l'en remercier au nom de l'École.

J'ai raconté tout au long la vie de mon malheureux ami, parce que c'était la meilleure manière de le faire connaître. Son portrait n'était pas facile à tracer; la complexité de son esprit et de son caractère ne se prêtait ni aux formules ni aux définitions. On y trouvait réunies les qualités les plus diverses. Ainsi, Breton de naissance, il aimait beaucoup sa Bretagne, il savait en goûter la beauté sauvage et un peu triste; il était donc loin d'ignorer les joies de la mélancolie. Et pourtant c'était aussi un grand ami de la bonne gaîté et nous n'oublierons jamais le large rire qu'il promenait aux heures de récréation à travers les couloirs de l'École. D'une simplicité extrême et même un peu primitive, il n'était pourtant pas insensible à l'élégance des manières, et quoiqu'il cherchât surtout des amitiés solides et de tout repos, il savait cependant apprécier les grâces plus légères de la simple amabilité. Au reste, on retrouvait ce curieux mélange jusque dans sa physionomie, où des traits fortement marqués s'harmonisaient pourtant sans peine avec l'infinie douceur du regard. Mais parmi toutes ces aptitudes si diverses, il en était une qui dominait et qui doit servir à fixer son souvenir dans nos mémoires : c'est une noblesse de nature qui lui inspirait une horreur instinctive pour tout ce qui est petit et vulgaire. Sans doute cette hauteur de vues et de goûts n'est pas chose rare à l'École, mais on n'arrive le plus souvent que petit à petit et non sans de laborieux efforts à se débarrasser de ces petitesses de l'esprit et du caractère. Hommay en était exempt par une sorte de grâce d'état. Je ne crois pas que jamais une idée mesquine lui soit entrée dans l'esprit.

Il avait la passion du dévouement et la religion de l'amitié. Il y a un an, j'étais à Paris, en congé. Malade et fatigué, j'écrivis à Hommay une lettre où je laissais trop percer mes inquiétudes. Vingt-quatre heures après on frappait à ma porte. C'était Hommay qui, alarmé par ma lettre, s'était aussitôt ménagé quelques jours de liberté et accourait d'Angers, me sachant seul. Il venait uniquement pour me tenir compagnie et me réconforter. Nous avons alors passé ensemble quelques bonnes journées, qui nous rappelaient l'heureux temps d'École. Mais nous ne devions plus nous revoir.

Emile Durkheim.

L'IDÉE DE PATRIE

DANS L'ÉDUCATION

L'IDÉE DE PATRIE DANS L'ÉDUCATION

Discours prononcé à la distribution des prix du lycée de Coutances

Le 3 août 1883.

MESSIEURS,

C'est une vérité banale que de dire que l'idée de patrie doit être l'âme de tout enseignement vraiment digne de ce nom. Mais si tout le monde accepte cette vérité, beaucoup de gens n'aperçoivent peut-être pas nettement les raisons qui font de l'enseignement, tel que le comprend et le pratique l'Université, l'un des meilleurs moyens de réaliser ce noble idéal, de développer dans le cœur de la jeunesse française un sentiment que l'éducation est impuissante à créer, mais qu'elle peut féconder et mûrir.

Tel est le principal rôle de l'homme qui enseigne. Si ce rôle fut jamais important, c'est dans nos sociétés modernes, où l'idée de patrie a sans cesse besoin d'être rappelée et défendue, non seulement contre les sophismes dont le bon sens a aisément raison, mais contre les influences de toute sorte qui tendent à lui ôter l'empire tout-puissant qu'elle exerçait autrefois sur les âmes. Dans les petites cités du monde ancien l'amour de la patrie se confondait

avec ce sentiment qu'on appelle en langage familier
« l'amour du clocher ». Pour l'ancien, la patrie était une
ville; et souvent une ville de médiocre importance; la
patrie, avec ses rues, ses temples, ses places publiques,
représentait pour lui tout un ensemble de réalités con-
crètes et tangibles, sans cesse présentes à ses yeux et à
son esprit. Loin d'être porté à oublier sa patrie, il était
plutôt disposé à s'absorber en elle, à mêler sa vie à la vie
commune, à se considérer moins comme un être à part,
comme un individu, que comme une partie d'un vaste
ensemble, dans lequel sa personnalité se fondait et se
perdait. Sans doute ce culte de la patrie était exclusif et
beaucoup de nobles sentiments étaient ainsi étouffés par
cette espèce de fanatisme patriotique qui faisait la grandeur et en même temps la faiblesse des anciennes sociétés.
Le citoyen était comme l'esclave de la chose publique;
des lois précises et minutieuses réglaient jusqu'à sa
conduite privée, jusqu'à ses croyances, jusqu'aux intimes
mouvements de son cœur : il n'avait le droit de croire et
d'adorer que ce que l'État lui permettait de croire et
d'adorer, l'organisation sociale avait en quelque sorte sup-
primé l'homme pour ne laisser subsister que le citoyen.
De nos jours, le péril n'est pas de ce côté : membre
d'un vaste État, qui comprend des millions d'hommes et
des milliers de villes, l'homme n'est pas, comme il était
autrefois, enveloppé de toutes parts par la patrie; il ne la
voit pas aussi nettement, il n'est plus associé aussi intime-
ment à sa vie journalière, il risque de l'oublier ou de ne
s'en souvenir que le jour où les conséquences d'un désastre
public lui rappelleront, en l'atteignant, que son intérêt
privé est solidaire des grands intérêts qu'il a négligés.

Pour que la patrie soit pour l'homme non pas seulement une idée abstraite et vague, mais une réalité vivante, pour que le sentiment patriotique ne soit pas un de ces sentiments faibles et passagers qui n'exercent sur la conduite de l'homme qu'une action intermittente, mais une de ces passions puissantes qui le prennent tout entier, il faut que l'enseignement mette sans cesse sous les yeux de l'enfant et du jeune homme l'image de la patrie, lui rappelant ce qu'elle a été, ce qu'elle ne doit pas cesser d'être, lui montrant dans le passé de la France une tradition brillante, que les générations passées ont créée et que les générations nouvelles ne doivent pas laisser périr.

C'est pour cela que l'étude de la littérature nationale est l'un des éléments essentiels de l'enseignement public; car elle est l'un des meilleurs moyens de saisir sur le vif les caractères saillants du génie français. L'une de ces qualités qui s'est de bonne heure exprimée dans notre littérature, c'est une disposition vive et légère, qui porte le Français à se consoler aisément, à ne pas fixer obstinément son esprit sur le côté sombre et tragique des choses, à glisser légèrement sur tout ce qui pourrait troubler la sérénité et la santé de son âme. Cette tendance a été bien calomniée de nos jours; on l'a flétrie des noms de frivolité, de légèreté, on a affecté de considérer le Français comme une sorte d'enfant mobile et turbulent, incapable de pensées sérieuses et de sentiments profonds. Pour notre part, il nous semble que cette disposition a toujours été l'une des forces et l'une des grâces de notre race. Certes, le sérieux est une excellente chose et nous estimons peu ces gens qui ne cherchent dans la vie que des occasions de rire et de plaisanter; mais on ne peut se défendre d'un

peu de compassion pour ces personnes qui croient nécessaire de mettre de la majesté jusque dans les choses les
plus simples de la vie, qui ne comprennent pas que le
sérieux n'a de prix qu'à la condition de n'être pas systé-
matique et continu, qu'il y a souvent dans un sourire,
dans un trait heureux, dans une saillie échappée dans un
instant de verve, autant de vraie philosophie que dans
bien des lourds ouvrages qui nous font acheter par beaucoup d'ennui le peu de sagesse qu'ils renferment. Le
Français n'a jamais été de ces personnes-là; capable,
quoi qu'on en dise, de ces passions puissantes, qui s'em-
parent de l'âme tout entière, sachant être sérieux à ses
heures, il sait sourire, même à travers les larmes, même
dans les épreuves, même dans ces circonstances où la
gaîté devient une forme de courage. Il s'est vengé de bien
des sottises, consolé de bien des souffrances par une de
ces épigrammes qui jaillissaient si aisément des lèvres de
nos vieux trouvères, ces gracieux et malicieux ancêtres
du bon La Fontaine, dont les œuvres sont comme l'en-
fance souriante et poétique de notre littérature. Ils
allaient, observant et rêvant à travers cette campagne de
France qui revit si bien dans leurs vers : les fermes avec
leurs cours, les châteaux et les châtelains, les monastères
et les moines, tout cela passe successivement devant leur
imagination gaie et riante, habile à faire jaillir des scènes
les plus simples de petits drames qui sembleraient écrits
d'hier, n'était ce parfum de naïveté rustique qui se
dégage des œuvres populaires et que notre littérature
raffinée ne sait plus retrouver. Ils sont Français par cet
instinct démocratique, qui leur arrache de temps en
temps une plainte pour le vilain qu'on opprime, un

sarcasme contre le seigneur qui l'opprime, par cette finesse qui va au fond des choses, sans se laisser éblouir par le décor, par la pompe extérieure, par l'armure du chevalier bardé de fer ou par le manteau de pourpre du roi, enfin par cet instinct de malice et de gaîté véritable, don de Dieu, qui fait du Français une créature heureuse entre toutes, éclairant pour lui d'un lumineux rayon jusqu'aux réalités les plus sombres, lui permettant de traverser la vie, sans trop de plaintes et de larmes, portant allègrement son fardeau de misères. D'ailleurs, ce n'est pas là, quoi qu'on en dise, la seule fibre qui puisse vibrer chez le Français. Comme toutes les natures riches et heureuses, il réunit des qualités qui semblent s'exclure : il est à la fois enthousiaste et sceptique, mélancolique et gai, prompt à railler et à admirer. Voyez notre littérature de la Renaissance. Toutes les formes d'esprit y sont représentées, la mélancolie rêveuse et poétique s'exhale dans les délicieux sonnets de Ronsard, la gaîté coule à pleins bords dans les puissantes fantaisies de Rabelais, le bel esprit se joue librement dans les charmants badinages de Marot. Au siècle suivant, le même peuple qui a exprimé ses doutes et son dédain du passé par le rire large et puissant de Rabelais, par le fin et ironique sourire de Montaigne, traduit maintenant son besoin de foi et de respect par les cris d'angoisse de Pascal et les magnifiques discours de Bossuet. Mais qu'il doute ou qu'il croie, qu'il prie ou qu'il raille, partout on retrouve dans les œuvres du Français le même amour de l'ordre et de la lumière, le même besoin d'idées nettes et précises, la même disposition à s'enflammer pour l'idée qui le possède ; la même ardeur généreuse, qui le porte à répandre dans le reste du monde les germes féconds qu'il croit tenir. Ce sera là le caractère principal de notre xviii⁰ siècle. C'est là qu'on retrouve, sous les formes légères de l'ironie et du doute, cette foi toute puissante dont parle l'Ecriture, cette foi qui, soulevant le puissant amas des préjugés et des abus, fera surgir, à la place d'un monde fondé sur la coutume et l'inégalité, un monde nouveau fondé sur la raison et la justice. Mais pour que l'enseignement soit le fidèle miroir de la vie nationale, il faut que tous les grands siècles y occupent une place correspondante à celle qu'ils occupent dans notre histoire littéraire, il faut que, tout en faisant une large place à notre xvii⁰ siècle, nous sachions rendre justice aux époques qui ont précédé et suivi ce magnifique épanouissement de l'esprit français.

L'histoire non plus ne doit rien exclure ni rien méconnaître. Nous ne comprendrions pas une histoire qui s'arrêterait à la Révolution, pas plus que nous n'en comprendrions une qui commencerait à cette date. L'histoire de France n'est pas faite de fragments épars et sans lien : une puissante unité relie entre elles toutes les parties du développement national, et cette unité c'est en définitive l'esprit de liberté qui souffle d'un bout à l'autre de cette histoire. Comme le disait votre glorieux compatriote, Alexis de Tocqueville : « L'esprit de liberté n'est pas nouveau en France; » il est aussi ancien que la France elle-même. Bien loin de nous apparaître comme une rupture violente avec les habitudes, les tendances, les idées de nos ancêtres, la Révolution nous apparaît comme le triomphe de leurs idées les plus chères, comme la réalisation de l'idéal qu'ils rêvaient et pressentaient obscurément. Cet esprit de liberté, on le retrouve partout dans l'ancienne France : dans les revendications des Parlements, dans les fières harangues des États-Généraux, jusque dans ces mouvements qui agitaient de temps en temps la France et que l'égoïsme des grands détournait de leur véritable but, c'est lui qui parle d'une voix fière et retentissante ; alors même qu'il n'est pas encore assez fort pour se faire écouter, les cahiers des États-Généraux ne font que résumer sous une forme plus nette et plus précise ce que demandaient les États-Généraux en 1614, le Parlement en 1648. Les hommes de la Constituante, les Barnave, les Lafayette, les Mirabeau ne sont que les continuateurs de la fière tradition des Molé, des François Miron ; les passions de la Révolution ne sont que l'explosion des sentiments qui fermentaient obscurément dans l'âme de la vieille France. Jamais peut-être le Français n'a mieux montré qu'à cette époque ce qu'il y a au fond de son âme de sentiments chevaleresques et d'amour de l'idéal : en combattant l'Europe pour l'affranchir, en exposant son existence pour faire triompher des idées abstraites, la France a bien prouvé que dans l'Europe moderne elle est la nation généreuse entre toutes, celle qui remplit dans le monde moderne le rôle que jouaient au moyen âge ces chevaliers vengeurs de l'injustice et défenseurs du droit dont parle Victor Hugo. L'histoire ainsi comprise est une véritable école de patriotisme. Elle nous apprend à reconnaître sous la diversité des formes l'identité des sentiments et des idées, elle déroule devant nous un vaste drame dont nous suivons toutes les péripéties avec l'intérêt passionné de gens à qui on rappelle leur propre vie, à qui on présente leur propre image embellie par la poésie du passé. Mais pour cela, il faut que l'enseignement de l'histoire soit un enseignement à la fois impartial et vivant, il faut que l'historien sache comprendre tout sentiment qui, à son heure, a fait battre le cœur de la France, que, comme ce Michelet qui, homme du présent, fils de la Révolution, a su trouver dans son imagination de brillantes couleurs et dans son cœur de superbes accents pour faire revivre la France du moyen âge, il ne soit insensible ni à la poésie mélancolique des antiques souvenirs, ni à la grandeur des espérances modernes ; il faut enfin que ces souvenirs et ces espérances se fondent dans un sentiment de reconnaissance et d'amour.

S'il appartient à l'histoire de nous raconter la vie nationale, il appartient à la philosophie de définir la patrie, de rechercher les raisons profondes qui, aux yeux du philosophe, expliquent et justifient le sentiment patriotique. La philosophie nous montre dans ce sentiment l'un de ceux qui peuvent exercer sur la conduite de l'homme l'action la plus efficace et la plus salutaire. S'il est difficile à l'homme de s'oublier lui-même, d'abdiquer sa personnalité, il lui est possible d'en reculer sans cesse les limites, de transporter à l'image agrandie de lui-même l'amour qu'il ressent naturellement pour son moi. La patrie n'est autre chose que le prolongement, le développement de notre personnalité, c'est une forme plus belle et plus pure de notre propre individualité ; en l'aimant, c'est encore nous-même que nous aimons ; mais dans cette forme nouvelle de l'amour du moi, nous n'aimons plus en nous que ce qu'il y a en nous de vraiment digne d'amour. S'il est une idée dans laquelle

se rencontrent les philosophes partis des points les plus
opposés, qui s'impose à tous les esprits avec l'autorité
d'un véritable axiome, c'est cette idée que la vie humaine
n'a de prix qu'en tant qu'on la consacre à la réalisation
d'un idéal quelconque, que l'homme a besoin de s'atta-
cher à une réalité supérieure qui l'enveloppe et le sou-
tienne. La patrie est une de ces réalités; plus durable
que ces êtres éphémères que nous sommes tous, résu-
mant en elle la vie d'une longue suite de générations, elle
nous apparaît comme une sorte de divinité. Les anciens
élevaient à la patrie des autels et des temples; élevons-
lui un autel au fond de notre âme, et comme cet ancien,
qui sortait des ruines fumantes de Troie, calme et le
cœur plein d'espoir parce qu'il emportait avec lui les
dieux de la patrie, nous pourrons, au milieu des épreuves
et des tristesses, nous tourner vers l'avenir avec confiance
tant que cet autel subsistera dans notre âme.

Vous le voyez, Messieurs, l'idée de patrie révélée déjà
par l'unité de production littéraire, fortifiée par le spec-
tacle du laborieux enfantement de la grandeur nationale,
éclairée par l'étude philosophique des devoirs et des
droits communs à tous les fils d'un même sol, cette idée
de patrie pénètre de toutes parts l'enseignement, en coor-
donne toutes les parties, le dirige tout entier vers une fin
supérieure. C'est pourquoi, chers élèves, vous qui demain
sortirez du lycée pour entrer dans la vie, vous qui allez
devenir des citoyens, pour remplir tous vos devoirs sans
faiblesse et sans hésitation, rappelez-vous les leçons que
nous vous avons données. N'oubliez pas que la France a
besoin d'esprits sages pour conserver sa liberté et de
cœurs vaillants pour reconquérir sa puissance; faites-

vous dans un coin de votre esprit et de votre cœur un asile inviolable, pour y inscrire cette noble devise que s'est choisie notre glorieuse Association des sciences : « Pour la science et pour la patrie ! »

L'IDÉE DE NÉCESSITÉ

DANS LA

PHILOSOPHIE DE M. TAINE

L'IDÉE DE NÉCESSITÉ

DANS LA PHILOSOPHIE DE M. TAINE

L'étude de la doctrine de M. Taine s'impose à quiconque veut pénétrer les causes et définir les caractères du puissant mouvement de philosophie empirique auquel nous assistons. Si M. Taine occupe une telle place dans l'histoire de la pensée moderne, ce n'est pas seulement parce qu'il a su exprimer dans de brillantes formules certains états d'âme caractéristiques de cette seconde moitié du xıxe siècle ; c'est aussi parce qu'il a été l'initiateur d'un mouvement fécond, l'un des penseurs qui ont le plus puissamment contribué à rajeunir, en leur ouvrant des voies nouvelles et plus larges, en les plaçant dans un cadre plus solide et plus brillant, des doctrines qui ont toujours eu des racines profondes dans les tendances de l'esprit français. Par l'unité de sa vie, par l'admirable indépendance de ses jugements, par son affranchissement absolu des préjugés et des convenances littéraires, il a réalisé, autant qu'il est donné à un homme de le faire, l'idéal du pur penseur qui, dédaigneux des outrages, insouciant du tumulte qu'il soulève en heurtant

dans sa mâle franchise les préjugés invétérés et les instincts profonds, au milieu des obstacles et des amertumes
de la vie, s'achemine avec une fermeté sereine vers la
démonstration de ce qu'il croit la vérité.

Nous n'avons pas l'ambition de résumer ici une vie
aussi remplie ni une œuvre aussi riche : nous n'avons
garde d'oublier que l'un des plus vigoureux esprits de
notre génération (1) a consacré à M. Taine une étude
magistrale qui ferait taxer de témérité une telle tentative ;
notre but est d'étudier un seul point, l'un des plus
importants, il est vrai, de la doctrine philosophique de
M. Taine : sa théorie de la connaissance ; et, comme il
arrive presque toujours qu'on ne se définit jamais mieux
soi-même qu'en essayant de définir les autres, c'est dans
la critique qu'il a faite de Stuart Mill que nous essaierons
de retrouver les caractères essentiels de cette méthode et
de ce remarquable esprit.

(1) PAUL BOURGET, *Essais de psychologie contemporaine.*

I

Toute théorie de la connaissance est nécessairement l'analyse de notre manière personnelle de connaître; sous l'idée abstraite que chacun de nous se forme de l'esprit humain, on retrouve l'image de son propre esprit; les caractères de l'intelligence de M. Taine se retrouvent dans sa conception de l'intelligence en général. Or, l'un de ces caractères les plus remarquables, c'est la coexistence de deux tendances qui, en apparence contradictoires et d'ordinaire séparées, ont produit par leur union et leur accord l'une des intelligences les plus originales et l'une des doctrines philosophiques les plus curieuses des temps modernes. L'une de ces tendances, c'est l'esprit, ou si l'on veut l'instinct métaphysique, qui se traduit par l'amour passionné de l'unité, par le désir ardent de rendre tout intelligible, par cette idée cent fois exprimée que les faits n'ont d'intérêt et de prix qu'en tant qu'ils manifestent les causes générales que chaque science tend à résumer dans une loi générale, chaque civilisation dans une croyance, chaque race, chaque individu dans une qualité maîtresse; que l'univers lui-même a sa formule qui, comprise, le résumerait tout entier n'étant, sous l'indéfinie variété de ses formes changeantes, que le développement d'une sorte de théorème, se déroulant avec une régularité majestueuse dans l'infini de l'espace et du temps.

L'esprit métaphysique, qu'est-ce en effet autre chose que la croyance à la possibilité d'une explication dernière, à l'existence de ce que Zeller appelait *une science du tout ?* Sous quels traits peut-il se manifester, sinon par la disposition à subordonner le fait à l'idée, à rechercher partout les causes dernières, à poursuivre l'unité là même où la complexité des phénomènes semble proclamer la vanité d'une telle recherche et la stérilité d'un tel effort? C'est ce qui explique que M. Taine ait cru pouvoir traiter les phénomènes les plus complexes de tous, ceux de la production littéraire et artistique, comme les savants traitent les faits bien moins complexes du monde matériel ; qu'il ait apporté des formules et dégagé des lois, là où les critiques se contentaient de marquer des nuances et de signaler des analogies. C'est ce qui explique aussi cette admiration passionnée qu'il a autrefois ressentie pour les hommes qui resteront aux yeux de la postérité la plus haute expression du génie métaphysique chez les modernes : pour Spinoza et pour Hegel. Sans doute, cette admiration s'est affaiblie avec les années ; il a subi aussi l'influence de cette loi qui fait que, dans notre XIXe siècle, en face de l'écroulement des systèmes qui paraissaient les plus solides, et de la décadence des renommées qui semblaient les mieux assises, nous n'admirons plus qu'avec des tempéraments et des réserves ce qu'autrefois nous admirions de toute notre âme. Aujourd'hui encore, s'il blâme « les préjugés théologiques de Leibnitz » et « les témérités de Hegel », il persiste à croire que leur entreprise n'était pas un vain rêve et qu'il n'est pas impossible de réussir complètement là où ils n'ont réussi qu'à demi.

Si cette tendance avait régné sans partage et sans contrepoids dans l'esprit de M. Taine, au lieu de renouer la tradition empirique, il eût continué la tradition métaphysique; au lieu de nous donner l'*Intelligence,* l'*Histoire de la Littérature anglaise,* les *Origines de la France contemporaine,* ces beaux ouvrages où l'idée abstraite n'apparaît qu'entourée d'un cortège de témoignages et de faits, il nous eût donné quelque poème de métaphysique à la manière de Hegel. Mais la nature avait mis en lui un autre instinct qui devait servir de correctif et de complément au premier; ce métaphysicien est en même temps un empirique; cet amateur de vues d'ensemble, un collectionneur de faits; s'il a la passion de l'unité, il a un vif sentiment de la complexité des choses réelles; s'il aime les formules abstraites, il a le goût du détail pittoresque et concret; si l'instinct métaphysique qui est en lui le prédispose aux larges synthèses, son instinct positif l'avertit que l'analyse minutieuse est la condition de toute synthèse solide. Si les pages les plus éloquentes et les plus poétiques de son œuvre sont celles où s'affirment ce besoin d'unité, cette passion de synthèse, les pages les plus piquantes et les plus vives sont celles où éclatent ses instincts positifs, son culte des faits, son amour du détail. S'il a choisi pour sujet de l'une de ses principales œuvres l'*Histoire de la Littérature anglaise,* c'est parce que l'amour du fait est la qualité maîtresse du peuple anglais; il éprouve un plaisir visible à retrouver ce trait chez les divers écrivains qu'il étudie; il attire et rappelle sans cesse notre attention sur ce point; il répand sur cette idée la vive lumière de ses analyses et l'éclat de sa riche imagination. S'il a pris pour sujet d'un autre livre les *Origines de la France contemporaine,* c'est parce que ce grand fait de la Révolution française, tel qu'il l'a

compris, n'est tout entier que la traduction du principal
caractère de notre génie national : l'esprit classique, c'est-
à-dire le goût des généralités abstraites et le dédain du
fait précis et concret ; en tout la négation la plus formelle
des qualités comme des défauts de l'esprit anglais.

Étant donnés ces traits essentiels de la structure d'esprit
de M. Taine, il s'agit de déterminer quelle conception
générale de l'esprit humain devait résulter de cette structure particulière d'esprit.

II

Aux yeux du grand public, qui juge les doctrines par
leurs tendances générales et classe les philosophes d'après
leur opinion sur quelques points importants, M. Taine
est un philosophe purement empirique, qui nous a donné
des doctrines anglaises une édition brillamment illustrée.
Il reste, comme l'a dit M. Bourget, *l'audacieux briseur
des idoles de la métaphysique officielle*, l'ennemi implaca-
ble de ces entités métaphysiques des modernes, où il voit
un dernier reste des entités de la scolastique (1), l'un des
premiers penseurs français qui ait conçu l'idée et tracé le
cadre d'une psychologie purement positive, poursuivant
le but que poursuivent les sciences de la nature, en
employant les moyens qu'elles emploient. C'est là, en
effet, un des côtés de son œuvre, c'est là une des idées
directrices de sa théorie de la connaissance. Il rompt avec

(1) Nous considérons la substance, la force et tous les êtres métaphysiques
des modernes comme un reste des entités scolastiques. Nous pensons qu'il
n'y a au monde que des faits et des lois. *(Littérature anglaise*, V, 397.)

les doctrines qui admettent, sous quelque forme que ce soit, l'existence de l'*a priori,* comme il a rompu avec les doctrines qui admettent, sous quelque forme que ce soit, l'existence de l'âme et des facultés. Pour lui, comme pour Mill, c'est l'expérience qui meuble l'esprit : avant elle il n'y avait rien en lui, tout ce qui est en lui est par elle (¹).

Et cependant, s'il accepte le principe de la doctrine, il n'en accepte pas toutes les conséquences : s'il accompagne Mill au point de départ, il ne veut pas le suivre jusqu'au point d'arrivée. C'est qu'en effet, la doctrine empirique pure, brisant tout lien entre les phénomènes, scindant le monde en une multitude de fragments épars, est incompatible avec la notion de nécessité, et par conséquent avec ce caractère d'absolu que M. Taine veut conserver à la science (²). Elle ne saurait admettre que des rapports constants de coexistence et de succession ; et M. Taine admet des rapports nécessaires ; elle découvre des lois qui ne s'appliquent avec certitude que dans l'étroite région de l'espace et du temps, où nous sommes confinés (³), et M. Taine recherche des lois qui s'appliquent partout et toujours ; elle conçoit le monde « comme un monceau de faits » (⁴) et lui le conçoit comme un tout

(¹) Votre point de départ est bon : en effet, l'homme ne connaît point les substances ; il ne connaît ni l'esprit ni le corps ; il ne connaît que ses états intérieurs, tous passagers et isolés. *(Littérature anglaise,* V, 395.)

(²) Par là nous désignons d'avance le terme de toute science et nous tenons la puissante formule qui, établissant la liaison invincible et la production spontanée des êtres, posa dans la nature le ressort de la nature, et enfonce au cœur de toute chose vivante les tenailles d'acier de la nécessité. *(Littérature anglaise,* V, 411.)

(³) *Littérature anglaise,* 391-392.

(⁴) *Littérature anglaise,* 391-392.

dont les parties sont reliées par des liens d'acier, comme une vaste machine, qui traduit, par l'infinie variété des mouvements de ses nombreux rouages, un théorème de mécanique vivante. Entre Mill et M. Taine le dissentiment porte tout entier sur la notion de nécessité; éliminée par Stuart Mill de la doctrine empirique, comme un dernier reste de métaphysique (¹), elle y est réintégrée par M. Taine, comme la condition nécessaire de toute science et de toute pensée. C'est ici qu'éclate, sous la différence des doctrines spéculatives, la différence des esprits, des races, des éducations : pour Mill, esprit purement anglais, la science inductive est le type de la science; la déduction n'est qu'une forme de l'induction; il estime n'avoir pas besoin d'une nécessité *de droit;* une nécessité *de fait,* tout empirique et relative, lui suffit pleinement (²). Imprégné de la doctrine de l'association des idées, il ne voit dans notre impuissance à concevoir le contraire de certaines notions, qu'un fait très naturel, un produit de l'habitude; il est surpris de l'importance qu'on attribue à une circonstance aussi simple et des conséquences immenses qu'on en fait découler (³). Pour M. Taine, qui est resté par bien des côtés un esprit français, la science déductive est le type ou du moins l'idéal de la science (⁴); il emploie le mot nécessité dans la plénitude de son sens

---

(¹) Voir le chapitre : Démonstrations et Vérités nécessaires. *(Logique,* II, V.)

(²) Voir le chapitre : La loi de causalité universelle. *(Logique,* III, V.)

(³) Je ne peux qu'être surpris de l'importance qu'on attache à ce caractère d'inconcevabilité, lorsqu'on sait par tant d'exemples, que notre capacité ou incapacité de concevoir une chose a si peu affaire avec la possibilité de la chose en elle-même, et n'est qu'une circonstance tout accidentelle dépendant de nos habitudes d'esprit. *(Logique,* II, V, 6).

(⁴) Voir, par ex., *Littérature anglaise,* V, 410.

— 45 —

métaphysique; il pense que, privé de ce lest, l'esprit humain court au-devant d'un naufrage (¹).

Concilier les exigences de la science qui postule l'idée de nécessité, avec les exigences de l'empirisme qui repousse tout ce qui n'est pas *fait:* tel est le problème qu'il se pose et qu'il s'efforce de résoudre, non par les expédients d'un éclectisme banal, mais par une interprétation originale des principes posés par Mill et acceptés par lui. A la manière dont il présente le problème, on reconnaît la double tendance qui est au fond de son esprit; elle s'accuse mieux encore par la manière dont il le résout.

III

Le reproche principal que M. Taine adresse à Mill, c'est d'avoir défiguré et mutilé l'idée de cause, en la réduisant à l'idée d'une simple succession; pour lui, le phénomène-cause est le producteur, et non pas seulement l'invariable précurseur du phénomène-effet (¹). La relation de succession constante que l'expérience constate n'est que la traduction d'une relation plus intime et plus profonde que l'esprit conçoit. Mais cette relation dont il affirme énergiquement l'existence, M. Taine ne la conçoit pas sous la forme d'une propriété mystérieuse inhérente à la cause, et dont l'effet serait la manifestation. Avec

(¹) Un abîme de hasard et un abîme d'ignorance, la perspective est sombre; il n'importe si elle est vraie (*Littérature anglaise,* V, 394).

(¹) Nous pouvons maintenant comprendre la vertu et le sens de cet axiome des causes qui régit toutes choses et que Mill a mutilé. Il y a une force intérieure et contraignante, qui suscite toute événement, qui lie tout composé, qui engendre toute donnée. (*Littérature anglaise,* V, 410.)

Mill, il repousse, comme entachée d'influence scolastique, l'hypothèse « d'un lien mystérieux, par lequel les métaphysiciens attachent ensemble la cause et l'effet », et celle « d'une force intime et incorporelle que certains philosophes insèrent entre le producteur et le produit » (1). Sa conception de la causalité ne sera donc ni celle de Mill, ni celle de la plupart des métaphysiciens, ni celle de Maine de Biran. Cette définition, toute négative, est plus instructive qu'il ne semble : en indiquant ce que cette théorie n'est pas, nous indiquons implicitement ce qu'elle doit être nécessairement. En dehors de l'hypothèse empirique qui fait du principe de causalité un jugement synthétique *a posteriori,* et de l'hypothèse kantienne qui en fait un jugement synthétique *a priori,* il n'y a qu'une voie ouverte : remonter par delà la critique de Hume, qui proclame l'hétérogénéité de la condition et du conditionné, la distinction de la relation causale et des relations purement logiques, jusqu'à la doctrine de Spinoza fondée tout entière sur l'hypothèse de l'homogénéité de la condition et du conditionné, sur l'assimilation de la relation de causalité aux relations du tout à la partie, du principe aux conséquences (2).

Telle est en effet la position que choisit M. Taine et dans laquelle il s'installe fortement (3) : cette transforma-

---

(1) *Intelligence,* II, 298.

(2) *Ethique,* 1re partie, axiomes 4 et 5; proposition 3.

(3) Il y a deux royaumes, celui des faits complexes et des éléments simples. Le premier est l'effet; le second, la cause. Le premier est contenu dans le second et s'en déduit comme une conséquence de son principe. (*Littérature anglaise,* V, 408.)

..... la cause ne diffère pas de l'effet; la force active par laquelle nous figurons la nature n'est que la nécessité logique qui transforme l'un dans l'autre le composé et le simple, le fait et la loi. (*Littérature anglaise,* V, 411.)

tion d'un point du système réagit sur le système tout entier ; en modifiant la conception empirique de la causalité, il modifie du même coup la conception empirique de l'intelligence, de la science et du monde.

Si les phénomènes sont unis de telle sorte que l'effet est virtuellement contenu dans la cause, la cause et l'effet sont indissolubles, les concevoir l'un sans l'autre c'est former une idée contradictoire ; on peut donc déduire avec une certitude infaillible de la présence de la cause, la production de l'effet. L'infini n'est plus irrévocablement fermé à l'esprit humain ; les mots d'éternité et d'immutabilité reprennent un sens ; les données ultimes, entre lesquelles nos axiomes, conçus à la manière empirique, n'établissaient qu'un lien contingent et éphémère, sont liées nécessairement et pour jamais (1).

Une perspective grandiose s'ouvre devant la science, affermie dans ses fondements ; si l'objet et la méthode varient avec les diverses sciences, le but poursuivi et le résultat atteint sont toujours identiques : retrouver partout des éléments indécomposables desquels dérivent les lois plus générales ; de celles-ci, déduire des lois particulières, et de ces lois les faits que nous observons, telle est l'œuvre de la science (2). Partout la structure des choses est la même (3) ; expliquer, c'est aller des composés aux composants, du tout complexe aux éléments simples, des

(1) Si, comme dit Mill, elles « ces données » ne faisaient que s'accompagner, nous serions forcé de conclure comme Mill que peut-être elles ne s'accompagneront pas toujours. Si au contraire les deux données sont telles que la première enferme la seconde, nous établissons par cela même la nécessité de leur jonction. *(Littérature anglaise, V, 405.)*

(2) *Littérature anglaise, V, 410.*

(3) *Intelligence, II, 453.*

propriétés dérivées aux propriétés primordiales. Que l'objet de la démonstration soit une proposition de géométrie ou une loi de la nature, la démonstration consiste toujours à retrouver un intermédiaire explicatif, et cet intermédiaire explicatif est toujours une propriété des facteurs primitifs; l'égalité des côtés opposés d'un parallélogramme résulte de l'égalité des triangles, dans lesquels on le décompose; l'égalité de ces triangles résulte de l'égalité des angles alternes-internes, conséquence directe du parallélisme des côtés opposés; le parallélisme des côtés opposés de la figure emporte donc leur égalité; de même l'attraction exercée par le soleil sur une planète résulte de ce fait que toute planète est une masse, et que toute masse est attirée par la masse centrale avec laquelle elle est en rapport ([1]). Dans les sciences physiques, comme dans les sciences mathématiques, la méthode d'explication est la même, parce que dans l'ordre du réel, comme dans l'ordre des possibles, les propriétés d'une chose lui sont toujours reliées par l'intermédiaire d'une propriété qui fait partie de son essence ([2]).

La nature tout entière n'est donc qu'une logique en acte, une sorte de géométrie vivante : les faits révèlent

---

([1]) *Intelligence*, II, 402, 419.

([2]) La structure des choses est donc la même dans les sciences d'expérience que dans les sciences de construction, et dans les unes comme dans les autres l'intermédiaire explicatif et démonstratif qui sert de lien entre une propriété quelconque et un composé quelconque est un caractère ou une somme de caractères, différents ou semblables, inclus dans les éléments du composé. *(Intelligence*, II, 453.)

Il suit de là que dans les lois expérimentales, comme dans la loi géométrique, les propriétés d'un composé plus complexe lui sont liées par l'entremise de propriétés, de facteurs ou composés plus simples. *(Intelligence*, II, 441, 442.)

les lois et les lois impliquent les faits; ce qui sera existe déjà virtuellement dans ce qui est, les lois les plus générales de la nature sont conçues sur le modèle des axiomes mathématiques, conçus eux-mêmes comme des aspects divers du principe d'identité ([1]).

Si l'on veut porter un jugement d'ensemble sur cette conception de la science, remarquable par son ampleur et séduisante par son aspect symétrique, on peut dire qu'elle est l'œuvre d'un métaphysicien, mais d'un métaphysicien imprégné de la science moderne.

Le trait caractéristique du métaphysicien, c'est la recherche d'une explication complète, absolument adéquate aux exigences de l'esprit; or, la condition nécessaire d'une telle explication, c'est la réduction de tous les rapports à des rapports d'identité. Quand le savant, appliquant le principe du déterminisme universel, a prouvé que, tel ensemble de conditions étant donné, tel fait doit se produire, il ne recherche pas quelle est la nature du lien qui unit le fait à ses conditions; il se contente de constater qu'en posant telles ou telles données empiriques, on prépare l'apparition de tel ou tel événement. Le métaphysicien estime qu'expliquer ainsi les choses, ce n'est pas les expliquer complètement : après avoir constaté qu'un fait en produit un autre, il faut démontrer pourquoi il le produit, et le seul moyen de rendre intelligible la production d'un fait nouveau, c'est de supposer qu'il existait déjà virtuellement, qu'il était implicitement

---

([1]) Les intermédiaires derniers qui les expliquent et les démontrent sont les propriétés de cinq ou six facteurs primitifs énoncés par une douzaine d'axiomes, lesquels ne sont eux-mêmes, comme on l'a vu, que des applications du principe d'identité. *(Intelligence*, II, 428, 429.)

contenu dans ses antécédents. De cette manière, il n'y a plus de solution de continuité entre ce qui a été et ce qui est, entre ce qui est et ce qui sera ; il n'y a plus de créations, mais des transformations, et la naissance n'est plus qu'une forme du développement. Dans tout objet, il y a une propriété primordiale qui explique les propriétés dérivées, et qui les explique parce qu'elle les contient (¹) : elle est la réalité dans laquelle toutes les autres réalités se résument, la source profonde d'où jaillit le flot des phénomènes, le tronc robuste qui supporte et qui nourrit la riche végétation de l'arbre tout entier. Cette propriété *sui generis,* c'est ce que Spinoza appelait l'essence, c'est ce que M. Taine appelle tantôt la qualité principale, tantôt la faculté maitresse. Définir une chose, c'est exprimer cette propriété, et avec elle toutes les autres ; raisonner sur une chose, c'est prouver que la vérité qu'on veut établir est logiquement impliquée par elle (²). Par la place qu'il fait à l'idée d'essence, M. Taine se rattache à Spinoza ; il s'en distingue en concevant l'essence autrement que lui. En affirmant l'existence d'essences, de propriétés primordiales, il s'est révélé métaphysicien ; il redevient empirique lorsqu'il s'agit de les définir.

Il s'efforce de faire entrer cette notion dans le cadre de sa philosophie, d'accommoder aux principes de son système cette idée qui semble incompatible avec eux.

(¹) La définition est la proposition qui marque dans un objet la qualité d'où dérivent les autres, et qui ne dérive point d'une autre qualité.

Ce n'est point l'affirmation d'une qualité ordinaire, car elle nous révèle la qualité *qui est la source du reste.* C'est une assertion d'une espèce extraordinaire, la plus féconde et la plus précieuse de toutes, qui résume toute une science et en qui toute science aspire à se résumer. (*Littérature anglaise,* V, 401.)

(²) *Littérature anglaise,* V, 402, 403.

L'essence n'est donc pas pour lui ce qu'elle est d'ordinaire pour les métaphysiciens; ce n'est pas une propriété mystérieuse, distincte des faits, reléguée dans un monde inaccessible à l'expérience; elle coexiste avec les faits, elle leur est immanente; elle n'en est qu'une portion, un extrait (1). Il n'y a pas deux mondes; le monde transcendant des essences et des causes, et le monde de la pure expérience : il n'y en a qu'un seul, et c'est ce dernier; il n'y a pas deux sortes de réalités : les faits et des entités d'où ils émaneraient; il n'y en a qu'une seule, et ce sont les faits; mais parmi ces faits il en est qui ont un rôle à part; il y a des faits générateurs et des faits engendrés; des propriétés primitives et des propriétés dérivées (2).

On peut donc admettre des essences, sans sortir des limites de l'empirisme le plus strictement conséquent avec ses principes; on peut aussi accorder à l'esprit humain le pouvoir d'atteindre ces causes premières, de connaître ces essences, parce que cette connaissance n'est pas le résultat d'une intuition mystique, mais le produit d'une opération qui, bien que différente de la simple appréhension des faits, ne s'en distingue par aucun caractère surnaturel ou mystérieux.

---

(1) Toujours un fait ou une série de faits peut être résolue en ses composants..... ce sont eux que l'on désigne sous le nom de causes, lois, propriétés primitives. Ils ne sont pas un nouveau fait ajouté aux premiers; ils en sont une portion, un extrait; ils sont contenus en eux, ils ne sont autre chose que les faits eux-mêmes. (*Littérature anglaise*, V, 398.)

(2) *Littérature anglaise*, V. 408.

IV

Cette ₁opération, c'est l'abstraction qui est en quelque sorte dans la doctrine de M. Taine l'équivalent de ce qu'est dans d'autres doctrines la notion rationnelle ou le concept. On conçoit en effet que la cause, la propriété essentielle, n'est qu'un fragment d'un tout complexe, une portion d'un ensemble, un extrait de la réalité. Pour expliquer que l'esprit humain puisse l'atteindre, il n'est pas besoin de le supposer capable d'intuitions rationnelles, il suffit de lui reconnaître le pouvoir d'envisager exclusivement une partie d'un tout, une propriété entre plusieurs, en un mot d'admettre *l'abstraction*. Or, c'est là un pouvoir que les philosophes empiriques n'ont jamais contesté à l'esprit humain; le mot abstraction est un terme de leur vocabulaire, l'appel à l'abstraction, un de leurs procédés d'analyse; leur seul tort a été de ne pas comprendre la fécondité d'une telle opération. L'unique modification que M. Taine apporte à leur doctrine consiste à traiter comme un point essentiel ce qu'ils ont traité comme un point accessoire, à mettre en pleine lumière ce qu'ils ont laissé à l'arrière-plan. En réalité, cette modification en entraîne bien d'autres : en restituant à l'esprit le pouvoir d'abstraire, M. Taine lui restitue son activité propre, sa spontanéité.

Son explication de la formation de certaines données primitives, par exemple des axiomes mathématiques, n'est pas d'un associationniste; pour lui, l'esprit ne reçoit pas ces connaissances toutes faites, il les crée; il n'y a pas seulement association fondée sur l'habitude, mais liaison instituée par l'activité de l'esprit.

La façon dont il explique l'origine de ces jugements est une conséquence directe de la définition qu'il en donne; si les données que les axiomes unissent sont des faits distincts, si leur union n'est qu'un accident, la connaissance de ces axiomes est nécessairement un fait de pure expérience, parce que l'expérience seule peut nous révéler le fait qu'ils expriment. Si au contraire, leur union n'est pas accidentelle mais nécessaire, si les deux idées qu'unit l'axiome s'impliquent mutuellement, si dans de tels jugements le sujet contient l'attribut, un effort d'esprit est nécessaire pour démêler ce lien intime, ce rapport caché; l'axiome n'est plus le produit d'une expérience toute passive, mais une véritable construction. Si nous pensons que deux droites perpendiculaires sur une même droite sont parallèles, ce n'est pas simplement parce que l'expérience intérieure, continuant l'expérience externe, m'a montré qu'indéfiniment prolongées ces lignes restent toujours équidistantes, c'est parce que les conditions de leur genèse excluent la possibilité de leur intersection, c'est parce que l'hypothèse de leur rencontre est en contradiction, non seulement avec leur aspect extérieur, avec leur image, mais avec leur structure interne, avec leur définition. Si nous disons que 2 plus 1 font 3, ce n'est pas simplement parce que l'expérience m'a montré que trois objets, par exemple trois cailloux, peuvent indifféremment produire la sensation qui correspond à 2 plus 1 (ooo) et la sensation qui correspond à ($^{0\,0}_{\ 0}$), c'est parce que j'ai décomposé ces deux grandeurs en leurs éléments et, après avoir comparé ces éléments et constaté qu'ils étaient identiques, conclu de l'identité des composants l'identité des composés. Mais concevoir ainsi la genèse des données primitives de l'intelligence, c'est la concevoir comme impliquant analyse et comparaison, c'est-à-dire un double travail dont serait incapable un esprit purement inerte et passif. La doctrine de M. Taine n'est donc pas l'empirisme pur, ou du moins c'est une doctrine qui, si elle prétend s'appuyer exclusivement sur l'expérience, prête à ce mot un sens plus étendu que celui qu'y rattachent les habitudes du langage courant et de la terminologie philosophique.

A la critique que M. Taine adresse à Mill d'avoir, en croyant définir l'esprit humain, défini seulement l'esprit anglais et son propre esprit, Mill aurait pu répondre à son critique, qu'en croyant corriger sa doctrine, il ne faisait qu'ériger en règle générale le procédé favori de sa méthode et transformer en loi générale un caractère de son esprit et de sa race.

Retrouver sous la multiplicité des faits l'unité de l'idée, subordonner l'action des causes particulières à l'action d'une cause générale qui explique, jusqu'aux moindres détails des événements, jusqu'aux complications infinies de l'individualité; réduire les caractères de l'individu à ceux de la race et ceux de la race à une seule tendance primordiale, telle est l'œuvre à laquelle M. Taine s'est voué avec une indomptable ténacité. Or, l'abstraction, seul moyen de retrouver sous la complexité des effets la simplicité des causes, est nécessairement le fondement de cette œuvre et l'âme de cette méthode. C'est de ce procédé que M. Taine se sert incessamment; il est la source des imperfections comme des beautés de son œuvre. Que l'objet de son étude soit un individu, un peuple, une littérature, il ne se contente pas de décrire les caractères de cet individu, de ce peuple, de cette littérature, il en isole un et recherche comment de celui-là sont sortis tous les autres ; il en déduit les destinées d'un peuple, comme les événements de la vie d'un individu ; les traits essentiels d'une civilisation, comme les caractères d'une œuvre littéraire ; il le montre se développant, se ramifiant en un certain nombre de qualités secondaires, toujours identique à lui-même sous la variété de ses métamorphoses, marquant les moindres faits à son empreinte, présent dans les plus infimes détails qui l'expriment au même titre que les plus graves événements. De même que la qualité maîtresse contient en elle toutes les propriétés d'une chose, la connaissance de la qualité maîtresse implique la connaissance de tous les détails de l'objet, et, comme cette connaissance est un produit de l'abstraction, l'*abstraction* devient l'acte intellectuel par excellence, elle est l'intelligence tout entière.

La théorie de la faculté maîtresse se trouve ainsi vérifiée une fois de plus ; après l'avoir appliquée aux différentes formes de l'intelligence, aux diverses créations de l'esprit, M. Taine l'applique à l'intelligence en général, à l'esprit considéré dans son essence, dans son fond intime. La théorie qui admet l'existence dans les choses de qualités primordiales, d'essences, et la théorie qui admet l'existence dans l'esprit du pouvoir d'abstraire, ne sont pas deux choses distinctes, mais deux faces d'une même chose ; l'une et l'autre supposent que les choses sont ainsi faites et l'esprit ainsi construit, qu'il y a entre les faits un enchaînement nécessaire, et que l'esprit peut reproduire, par l'enchaînement intérieur de ses idées, l'enchaînement extérieur des faits.

Tout gravite donc autour de l'idée de nécessité. Si M. Taine a élargi la doctrine empirique, c'est que cette idée n'y pouvait trouver place, et qu'elle était nécessaire à la satisfaction des exigences et des aspirations de son esprit. L'une de ces aspirations les plus profondes, c'est, comme l'a dit M. Bourget, *la religion de la science*, c'est-à-dire une disposition à concevoir la science sous la forme de l'absolu, à reporter sur elle ces sentiments de vénération et d'amour que la ruine des dogmes religieux laisse sans emploi et sans issue.

Si M. Taine ne se résigne pas à admettre la relativité de la science comme de toute autre chose, s'il pense qu'elle sort des analyses de Stuart Mill amoindrie et découronnée ; s'il la conçoit adéquate à l'infinité des choses et fondée sur des principes éternels ; s'il ne veut pas qu'on l'emprisonne dans les étroites limites de notre petit monde, ni qu'on la réduise à l'explication purement empirique des faits, c'est là un dernier effort et une dernière protestation de cet instinct métaphysique qui, en apparence éteint, en réalité toujours vivace sous les débris de ses créations multiples, atteste par la variété des formes qu'il sait prendre sa persistance opiniâtre et son énergique vitalité.

La science ayant brisé successivement toutes les formules où nous enfermions l'absolu ; pour y croire encore, il ne reste plus d'autre ressource que de lui appliquer cette forme à elle-même, et cette idée nous séduit d'autant plus, que de toutes les choses auxquelles nous croyions, elle est la seule qui ait prouvé avec une force invincible qu'elle n'est pas illusion et vanité.

Les rapports de la métaphysique et de la science ne sont pas en effet, d'après M. Taine, ce qu'ils sont pour les purs positivistes. Pour lui, la science ne détruit pas à proprement parler la métaphysique, elle l'absorbe en elle ; elle ne supprime pas l'idée et elle ne condamne pas la recherche de la cause première, mais elle transforme cette idée et elle revendique cette recherche comme un de ses droits. Elle ne se contente pas de démontrer l'inanité des formules par lesquelles nous prétendions exprimer l'absolu, elle y substitue les siennes propres, elle remplace les anciens symboles par des symboles nouveaux. Pour M. Taine, la cause première n'est ni un être concret ni une entité métaphysique, mais une loi : le principe qui relie entre elles les parties de l'univers n'est pas une vérité d'un ordre supérieur, mais une loi qui ne diffère des autres que par l'immense étendue de son domaine, l'infinie richesse de ses conséquences. La loi scientifique se trouve ainsi érigée en principe métaphysique, raison et source de toutes choses ; elle devient la véritable cause première, le mot de l'énigme de l'univers.

Pour conserver le droit de parler encore de cause première, pour faire sortir de la science une métaphysique nouvelle, pour concilier avec cette négation de toute réalité transcendante, qui semble un des résultats de la critique moderne, cette idée d'une explication dernière des choses, magnifique rêve des penseurs d'autrefois, il faut admettre qu'entre ces faits, devenus l'unique réalité, il y a du moins une connexion, une hiérarchie ; il faut sauver du naufrage des conceptions métaphysiques le dogme de la nécessité.

De là, chez les philosophes qui, en devenant empiriques, sont demeurés inconsciemment épris de l'absolu, une lutte entre l'instinct positif et l'instinct métaphysique, un double effort pour renfermer dans les limites du fini leur penchant spéculatif et pour y trouver l'aliment dont il a besoin. L'idée de nécessité subsiste ainsi, isolée de ses attaches naturelles, au milieu de conceptions d'un caractère purement positif et d'origine purement empirique, comme un pilier d'une antique cathédrale dans une église d'architecture moderne, ou bien encore, comme un organe qui faisait partie d'un ancien type de structure dans un organisme d'un type nouveau.

Poussée à ses dernières conséquences, la doctrine empirique transforme la notion de nécessité, comme elle a transformé les autres notions métaphysiques ; elle distingue de l'hypothèse d'un nexus causal, qui s'est greffée sur lui, le fait de la séquence invariable et inconditionnelle, et, rejetant l'hypothèse, elle conserve le fait. En agissant ainsi, elle reste fidèle à son principe, à sa méthode ; elle ne nous conduit pas, comme le dit M. Taine, sur le bord d'un abîme de hasard et d'ignorance ; mais, dégageant la science de tout reste d'habitude et d'ambition métaphysique, elle la réduit à n'être plus que la recherche de rapports constants de coexistence et de succession, en lui laissant le droit d'affirmer, avec une absolue certitude, l'existence de tels rapports.

En résumé, si profonde qu'ait été l'influence des doctrines anglaises sur l'esprit de M. Taine, elle n'y a pas effacé les traces d'une influence toute différente ; si vif, si sincère que soit son goût pour les faits, pour les réalités positives, il n'a pas éteint en lui la passion

spéculative, l'amour des belles constructions métaphysiques. De la combinaison de ces deux influences, de
l'accord de ces deux instincts, est sortie la doctrine que
nous avons exposée, résumé abstrait dont l'œuvre de
M. Taine est le commentaire brillant et animé. Elle reste
un témoignage curieux de la persistance, dans les esprits
les plus foncièrement modernes, d'instincts qui ont leurs
racines dans le passé : on pourrait la définir un *spino-
zisme* rajeuni et transfiguré par le contact de la science
moderne.

Quelle que soit d'ailleurs la définition qu'on adopte,
elle aura pour résultat, si elle est exacte, de mettre
mieux en lumière l'originalité de l'entreprise, et la rare
vigueur du puissant esprit qui l'a tentée.

V. Hommay.

INTRODUCTION

A UN

« ESSAI SUR LA GENÈSE DES IDÉES MORALES »

INTRODUCTION

A UN

« ESSAI SUR LA GENÈSE DES IDÉES MORALES » (1)

Il y a deux manières d'expliquer la présence dans l'esprit humain des notions morales : pour les uns elles sont éternelles, immuables; elles font partie intégrante de l'esprit humain : sous l'action du temps elles sont devenues plus nettes, plus précises, mais le temps n'y a rien ajouté d'essentiel; pour les autres, elles sont formées lentement, pièce à pièce, par un sourd travail de végétation, comme des plantes qui ont longtemps germé dans les entrailles du sol, avant de s'épanouir dans l'air libre, à la lumière du jour. Les partisans de cette dernière théorie étudient les dogmes moraux comme la critique étudie les dogmes religieux : c'est le même travail d'analyse appliqué à des notions qui semblent irréductibles, parce que leurs racines plongent dans les profondeurs mystérieuses d'un passé lointain.

Dans les travaux de ce genre on risque de froisser bien

---

(1) Cet *Essai* devait devenir la thèse de doctorat de Victor Hommay. Ce qui en existe sera ultérieurement publié.

des sentiments qu'on respecte : la morale, telle que Kant l'a conçue, occupe dans plusieurs systèmes de philosophie la place d'honneur; le sentiment religieux, privé par la ruine des anciennes croyances de son abri naturel, a cherché et trouvé un refuge dans la morale comprise à la manière des Kantiens. Il s'est formé ainsi une sorte de religion, froide et austère sans doute, mais conforme aux tendances de notre imagination un peu sèche et de l'esprit abstrait des modernes, comme les naïves légendes et les symboles des anciennes religions correspondaient à l'imagination plus vive et à la sensibilité plus chaude des hommes d'autrefois.

Le dogme fondamental est la théorie de l'impératif catégorique, conçu comme une loi qui commande sans donner d'explications, et à laquelle il faut obéir, parce qu'elle est une loi. M. Fouillée, se plaçant au point de vue dialectique, a fait de cette conception une critique singulièrement pénétrante : nous voudrions, nous plaçant à un point de vue plutôt psychologique et historique, montrer comment cette notion, et aussi la notion du Bien abstrait, qui est avec elle le *substratum* de la morale, ont pu naître et grandir.

Si on nous demande à quelle direction philosophique générale se rattache cette étude, nous répondrons nettement que l'esprit et la méthode de ce travail sont l'esprit et la méthode de la philosophie évolutionniste. Nous n'avons pas à exposer ici notre opinion sur les problèmes étrangers au sujet qui nous occupe, qui sont débattus entre les philosophes de cette école et les philosophes spiritualistes ou Kantiens. Nous dirons seulement qu'il nous semble que dans les recherches sur l'origine des idées morales, comme dans les recherches sur l'origine des idées religieuses ou sur l'origine du langage, le premier devoir du psychologue est de n'invoquer autant que possible que des faits, de ne supposer arbitrairement aucune faculté mystérieuse inhérente à la nature humaine, de décomposer les phénomènes complexes en leurs éléments simples et d'expliquer leur apparition par la combinaison de ces éléments : c'est dire que nous nous sommes efforcé d'écarter toute préoccupation théologique ou métaphysique. Nous croyons en effet que l'intérêt commun de la métaphysique et de la science exige la séparation absolue de leurs domaines respectifs. Le problème de l'origine des choses, l'explication du monde envisagé comme un *tout,* tel est l'objet de la métaphysique ; il est clair que des théories comme celle que nous allons exposer, rentrent aisément dans le cadre de ces grandes hypothèses quelles qu'elles soient.

Nous croyons qu'il importe de ne pas mêler aux analyses psychologiques les conceptions métaphysiques, et qu'il convient de laisser ces dernières déployer librement leurs ailes dans ces hautes régions de la pensée pure, où elles n'ont pas à craindre que la science positive vienne jamais les inquiéter.

Certains esprits penseront peut-être que l'influence pratique de tels travaux ne saurait être bonne. Cette crainte nous paraît chimérique : il est impossible de se dissimuler que, non seulement dans les milieux scientifiques, mais dans toutes les parties de la société où on lit et où l'on pense, un vaste travail de transformation s'opère sourdement. L'empreinte que l'hérédité chrétienne avait si fortement gravée sur les âmes va s'effaçant chaque jour : il semble qu'après un long détour, l'humanité tende à revenir à la morale comprise comme la comprenaient les anciens, c'est-à-dire à la morale reposant, non plus sur des conceptions métaphysiques ou des espérances d'outre-tombe, mais sur des considérations purement terrestres, telles que les intérêts de la vie présente.

D'excellents esprits pensent que, dans de telles conditions, c'est faire une œuvre utile que de retracer la genèse des principales idées morales : car les travaux de ce genre permettront seuls de démêler ce qu'il y a d'immuable et ce qu'il y a de variable dans les sentiments moraux, et en même temps de déterminer quelles sont, dans le système de la morale traditionnelle, les parties vivantes et les parties caduques.

Nous laisserons à d'autres le soin de tirer de ces études les conclusions pratiques qui peuvent s'en dégager ; notre but, tout théorique, est de retrouver le germe des principales idées morales et de montrer par quel développement ce germe est devenu l'arbre immense qui a étendu son ombre sur tant de générations et dont les racines sont aujourd'hui encore si vivantes au fond des cœurs.

Exposition générale du sujet et de la méthode.

Nos habitudes d'esprit, l'influence de l'éducation, nous prédisposent à considérer les notions morales comme des notions simples, créées en quelque sorte d'un seul jet : les idées de Bien et de Devoir nous sont tellement familières qu'elles nous semblent claires, et, nous paraissant claires, elles nous paraissent simples.

Cette disposition d'esprit explique bien des erreurs de méthode : les penseurs qui ont les premiers tenté de dissiper les brouillards métaphysiques qui enveloppaient d'un impénétrable mystère les sources de la moralité, en s'affranchissant de l'illusion commune, ne se sont pas affranchis de la tendance d'esprit qui était au fond de cette illusion ; eux aussi, ils ont traité les phénomènes moraux comme des phénomènes simples, ils ont cherché dans l'action d'une cause unique l'explication de leur origine et la loi de leur développement. De là des systèmes ingénieux, brillants, partiellement vrais, mais qui ont laissé le problème ouvert, parce que les hommes ne retrouvaient pas dans le sentiment moral, tel que le décrivaient les psychologues empiriques, tous les éléments du sentiment moral, tel que le leur révélait leur conscience.

Telle a été, à notre avis, l'erreur des psychologues anglais qui ont tant fait pour le développement de ces études, qui y ont déployé de si précieuses qualités d'analyse et de fine observation.

Dans cet ordre de questions, on peut affirmer hardiment que tout système simple est un système faux : ni la sympathie d'Adam Smith, ni l'utilitarisme de Mill ne sont des cadres assez larges pour que la totalité des phénomènes moraux y puisse tenir.

Il nous semble que le moment est venu d'introduire dans l'étude des phénomènes de la conscience morale un changement de méthode semblable à celui qui tend à s'introduire dans l'étude des phénomènes de la conscience religieuse.

Dans l'histoire des religions, comme dans les recher-

ches sur les origines de la morale, on a débuté par des
systèmes simples, unilatéraux : telle est, par exemple,
la célèbre théorie si brillamment exposée par Max Müller,
dont la tendance est d'expliquer la formation de tous les
mythes en les considérant comme les produits d'une
« maladie du langage ». Mais aujourd'hui cette théorie,
qui a tenu sous le charme toute une génération d'érudits,
est fortement battue en brèche : pour beaucoup de
savants contemporains, les illusions du langage ne sont
pas la source du grand fleuve des croyances religieuses,
mais seulement l'un des affluents qui sont venus grossir
son cours (¹); une école nouvelle, pleine d'activité et
d'ardeur, l'école des *folkloristes,* travaille à rattacher la
mythologie comparée à l'anthropologie; les savants les
plus dégagés de préoccupations systématiques, font les
plus expresses réserves sur les doctrines de l'école
philologique; partout on proteste contre une explication
qui souvent mutile ou défigure les phénomènes religieux.

Il y a là un premier point sur lequel nous nous sépa-
rons des psychologues anglais. Notre méthode diffère
encore de la leur par un autre caractère : les théories
sur la formation des notions morales ne se présentent
pas dans leurs œuvres comme un ensemble cohérent, un
tout nettement défini. Quand ils ont traité ce problème,
c'est presque toujours en passant, dans des ouvrages
consacrés à des questions plus vastes : par exemple,
Bain, dans son livre sur les *Émotions et la volonté;*

(¹) Voir pour les critiques adressées à la théorie de Max MULLER et Michel
BRÉAL : DARMESTETER, *Essais orientaux,* pages 221, 222; BERGUIGNE, *la
Religion véridique dans les hymnes du Rig-Veda,* tome I; Introduction
TICLE, *Revue de l'histoire des religions,* janvier 1886, etc.

Spencer dans sa *Morale évolutionniste;* des vues ingé-
nieuses, des aperçus lumineux, des formules nettes et
énergiquement frappées, telle a été la contribution, très
importante d'ailleurs, qu'ils ont apportée à ce genre
d'études ; mais quand on veut discuter leur doctrine, on
est obligé de la reconstruire en réunissant des fragments
épars çà et là.

Nous croyons que l'heure est venue de tenter une
synthèse, dont les difficultés encore considérables ont
été quelque peu aplanies par les travaux multiples
publiés sur la question dans ces dernières années. Nous
espérons que le public, chaque jour plus nombreux, qui
s'intéresse à ces problèmes ne sera pas trop sévère pour
les lacunes et les imperfections de cet Essai : nous
souhaitons qu'on nous sache quelque gré d'avoir apporté
notre modeste contribution à l'œuvre immense de recons-
truction et de critique, à laquelle la majorité des penseurs,
dans tous les pays où l'on pense, travaille avec tant de
talent et d'ardeur.

Bordeaux. — Imp. G. GOUNOUILHOU, rue Guiraude, 11.